La razón principal por la que he llegado

a ser quien soy es Ramón.

Él es el verdadero héroe de la familia.

Yo solo soy el hermano pequeño de Ramón.

— PEDRO MARTÍNEZ, 1998

FOR WILLIAM, CAITLIN, AND LIAM

Library of Congress Catalog Card Number 2014944675. ISBN 978-0-7636-6824-2 (hardcover). ISBN 978-0-7636-7980-4 (Spanish hardcover). This book was typeset in Agenda. The illustrations were done in watercolor, gouache, and pencil. Candlewick Press, 99 Dover Street, Somerville, Massachusetts 02144. visit us at www.candlewick.com. Printed in Shenzhen, Guangdong, China. 15 16 17 18 19 20 CCP 10 9 8 7 6 5 4 3 2 1

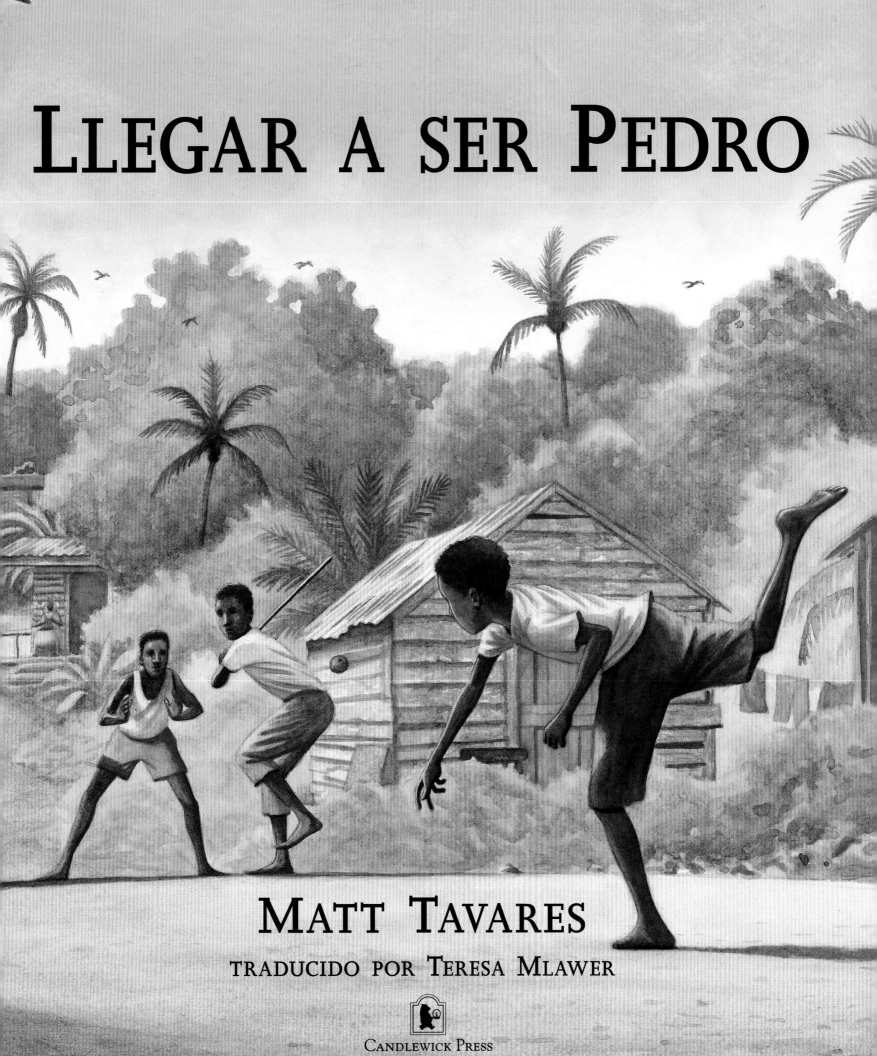

Llegar a ser Pedro

Matt Tavares

traducido por Teresa Mlawer

Candlewick Press

REPÚBLICA DOMINICANA, 1981

Es un día soleado en el pueblo de Manoguayabo,

y Pedro Martínez se sienta a la sombra de un árbol de mango

a ver jugar a los muchachos mayores.

Él también quiere jugar, pero Ramón, su hermano mayor,

le dice que todavía es muy pequeño.

Los muchachos juegan con una pelota dura,

y Ramón piensa que es muy peligroso.

Pedro se enoja, pero comprende

que Ramón solo trata de protegerlo.

Ramón siempre vela por él.

Aunque está enojado, Pedro observa cómo lanza Ramón.

Es el mejor lanzador que ha visto jamás.

Pedro tiene tres hermanos y dos hermanas.
Ramón, el mayor, es la estrella del béisbol
de la familia.

A Pedro le gustaría ser alto como Ramón.
Y le gustaría lanzar la pelota como él.
Se pasa las horas en la parte de atrás
de la humilde casa donde viven lanzando
piedras a los árboles de mango, pero solo
le da a los mangos que están maduros,
tal y como Ramón le ha enseñado.

A Pedro le encanta jugar béisbol.
Sueña con que algún día él y sus hermanos
puedan jugar juntos en las Grandes Ligas.
De noche, dos en cada colchón,
sueñan despiertos y hablan de lo que harán
cuando sean millonarios.

Ramón apenas tiene quince años y ya lanza
contra hombres adultos en los partidos que
se juegan en los alrededores de Santo Domingo.
A menudo Pedro camina muchas millas
para poder ver lanzar a su hermano.

A los dieciséis años Ramón es el jugador
más joven del equipo nacional de la
República Dominicana.
Los Dodgers de Los Ángeles le ofrecen
un contrato: le pagan cinco mil dólares;
no es mucho dinero para las Grandes Ligas,
pero es mucho más de lo que la familia
Martínez ha visto en su vida.

Y cuando cobra su primer sueldo, Ramón
le compra a Pedro su primer guante de pelota.

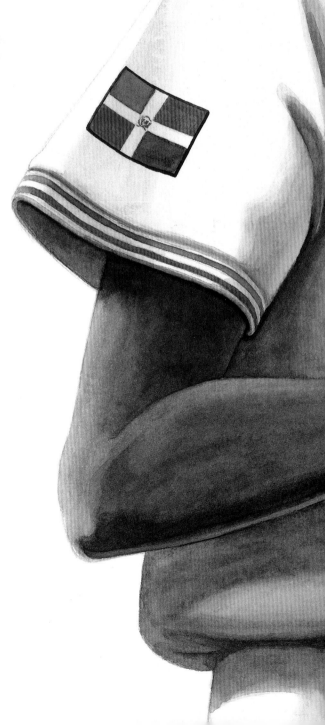

En 1984 Ramón se entrena en Campo Las Palmas,
la academia de béisbol de los Dodgers
en la República Dominicana, a dos horas
en autobús desde Manoguayabo.
Pedro apenas tiene doce años, pero siempre
que puede lo acompaña.

A veces, incluso, practica con Ramón
antes de que comience el entrenamiento.
Para Pedro es como un sueño hecho realidad:
no puede creer que esté en un campo de
béisbol con jugadores profesionales.
Está muy orgulloso de su hermano mayor.

Uno de esos días un entrenador de los Dodgers
observa a Pedro lanzar la pelota a Ramón
y le dice que si practica y se esfuerza, quizá en
el futuro también a él le ofrezcan un contrato.

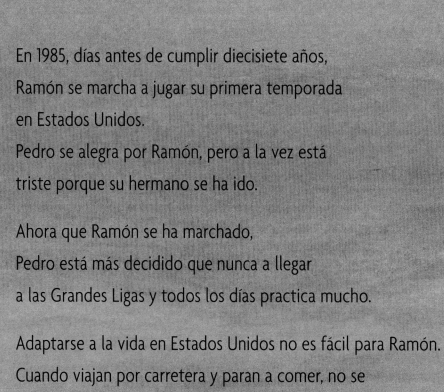

En 1985, días antes de cumplir diecisiete años,
Ramón se marcha a jugar su primera temporada
en Estados Unidos.
Pedro se alegra por Ramón, pero a la vez está
triste porque su hermano se ha ido.

Ahora que Ramón se ha marchado,
Pedro está más decidido que nunca a llegar
a las Grandes Ligas y todos los días practica mucho.

Adaptarse a la vida en Estados Unidos no es fácil para Ramón.
Cuando viajan por carretera y paran a comer, no se
atreve a pedir la comida, porque el menú está en inglés.
La comunicación con sus compañeros tampoco es fácil.

Ramón le cuenta todo esto a Pedro, ya que
quiere asegurarse de que cuando le toque a él,
no le suceda lo mismo.

Pedro continúa practicando
y estudiando inglés todos los días.
En 1988, cuando tiene dieciséis años,
Pedro va a Campo Las Palmas.
Está listo para someterse a una prueba con los Dodgers.
Al igual que él hay una docena de muchachos
que están allí con la misma esperanza.
La mayoría son jóvenes más grandes y más fuertes que él.

Se esfuerza y lo hace lo mejor que puede, pero los
cazatalentos de los Dodgers no están muy convencidos.
Pedro es mucho más pequeño que Ramón a la misma edad.
Piensan que por su tamaño no va a poder
llegar a ser un jugador profesional.

Finalmente, después de 30 días de prueba,
los Dodgers deciden darle una oportunidad.
Le pagan seis mil quinientos dólares.
Pedro le da todo el dinero a Ramón.

En 1990 los Dodgers destinan a Pedro
a su equipo de las Ligas Menores
en Great Falls, Montana.
Pedro se despide de su familia
y viaja a Estados Unidos.

Para entonces Ramón es toda una estrella de
las Grandes Ligas, el as de los Dodgers de Los Ángeles.
En 1990 gana veinte juegos y queda el segundo
en la lista del Premio Cy Young de la Liga Nacional.

Algunos de los compañeros de Pedro de
las Ligas Menores piensan que está ahí por
ser el hermano del gran Ramón Martínez.
Pedro se esfuerza cada día para demostrarles
que está en ese equipo por mérito propio.

Pedro continúa aprendiendo inglés.
Durante los largos viajes en autobús, mira por la ventanilla
y lee todos los carteles que ve en la carretera.
Aprende nuevas palabras todos los días y en poco
tiempo puede responder en las entrevistas
en inglés sin necesidad de un intérprete.

Pedro sube dentro del sistema
de las Ligas Menores de los Dodgers,
y en septiembre de 1992
su sueño se convierte en realidad:
por primera vez en su vida Pedro juega
en el mismo equipo que su hermano.
Pedro y Ramón están juntos en las Grandes Ligas.

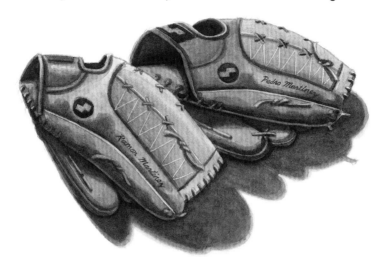

Pedro es tan pequeño y delgado
que cuando llega al estadio de los Dodgers,
el guarda de seguridad no cree
que él sea parte del equipo.
—Oye, ¿quién eres? —le pregunta.
Pedro sonríe y le dice: «Soy el cargabates».

Y no solo es el guarda de seguridad
quien piensa que Pedro es demasiado pequeño.
Tommy Lasorda, el mánager de los Dodgers,
está convencido de que Pedro no es lo
suficientemente grande como para ser abridor.
Por esta razón Pedro es relegado al bullpen
y pronto se convierte en uno de los mejores
relevistas de la liga.

Al finalizar la temporada de 1993,
Pedro recibe una llamada del mánager
de los Dodgers.
La noticia lo sorprende:
lo han cambiado a los Expos de Montreal.

Al principio Pedro se siente totalmente destrozado.
No quiere separarse de Ramón ni mudarse
a una ciudad donde no conoce a nadie.
Se ha esforzado por aprender inglés,
y en Montreal casi todo el mundo habla francés.

Ramón consigue que Pedro entre en razón.
Le explica que el cambio puede ser bueno para él.
Los Dodgers nunca le darían la oportunidad de ser
abridor; quizá en Montreal lo lograría.

Y Ramón estaba en lo cierto.
Pedro va a Montreal en 1994
y en seguida forma parte de los abridores.
Cada vez que se dirige al montículo
piensa en todos los que dudaron de su habilidad.
Y con cada lanzamiento les demuestra
lo equivocados que estaban.

Siempre que los Expos juegan contra los Dodgers
y Ramón lanza contra el nuevo equipo de su
hermano, Pedro no puede disimular el orgullo
que siente al ver jugar a Ramón.
Cuando sus compañeros le llaman la atención,
Pedro se escabulle a los vestuarios
para verlo jugar en la televisión.

El 29 de agosto de 1996 está previsto que
Pedro y Ramón lancen el uno contra el otro.
Pedro no quiere hacerlo:
no quiere enfrentarse a Ramón.
Sin embargo, Ramón le explica que
es algo que tienen que hacer.

Tanto Pedro como Ramón lanzan bien.
En la novena entrada, con una ventaja de 2–1
a favor de los Dodgers, Ramón se dirige
al montículo y en ese momento
ve a Pedro en el dogout de los Expos.
Pedro sonríe sabiendo que el partido está
a punto de terminar y que su hermano
ganará el juego.

En 1997 Pedro es el mejor lanzador
de la Liga Nacional; incluso mejor que Ramón.
Puede lanzar una recta a noventa y siete millas por hora,
una curva que hace flaquear la rodilla a los bateadores
y un cambio de velocidad casi imposible de batear.

Pedro es ya una superestrella.
Los Expos saben que no pueden pagarle lo que vale,
y una semana después de ganar el premio
Cy Young 1997 de la Liga Nacional,
lo cambian a los Medias Rojas de Boston.

En diciembre Pedro vuela a Boston y firma un contrato
de seis años con los Medias Rojas por la cantidad de
setenta y cinco millones de dólares, convirtiéndose
en el jugador de béisbol mejor pagado de su época.

En el verano de 1998,
los días que le toca lanzar a Pedro
se percibe un gran entusiasmo
en las calles de Boston.
Y antes de que comience el juego,
el Estadio Fenway está lleno a tope.
Sus admiradores ondean banderas
dominicanas y gritan a coro su nombre:
¡PE-DRO, PE-DRO, PE-DRO!

Sin embargo, 1998 no es un buen año
para su hermano Ramón.
El 14 de junio, lanzando para los Dodgers,
se desgarra un músculo del hombro
que requiere intervención quirúrgica.
Ramón piensa que no podrá volver
a lanzar nunca más.
Pedro lo anima para que no se dé por vencido.

El 30 de junio operan a Ramón.
Pasa el resto de la temporada en rehabilitación
para recuperarse del hombro, y viendo jugar
a su hermano en la televisión.

Los días que Pedro no tiene que lanzar,
su carácter es alegre: conversa, baila
y bromea con sus compañeros.
Una noche, para que se calme, sus compañeros
lo atan a uno de los postes del dogout.
Pedro disfruta mucho ese momento.

Pero cada vez que le toca lanzar,
Pedro es otra persona: se vuelve serio
y no piensa en otra cosa que no sea el juego.
Cuando se dirige al montículo, se imagina
que es un león acechando a una presa.

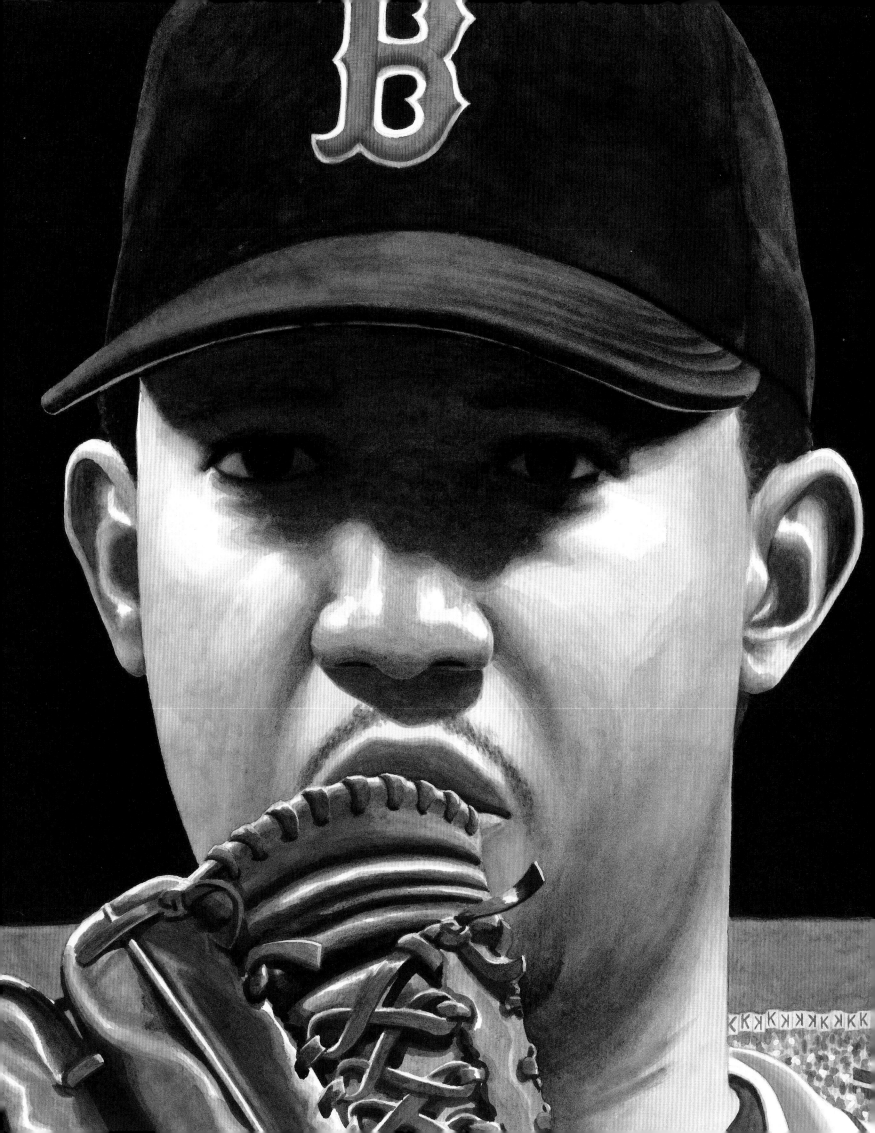

En 1999 Pedro tiene una de las mejores temporadas
que ningún lanzador haya logrado hasta entonces.
Gana quince juegos antes del Juego de las Estrellas.
Lo seleccionan como abridor del Juego de las Estrellas
y deslumbra a los espectadores del Estadio Fenway,
ponchando cinco de los seis bateadores a los que se enfrenta.

Mientras tanto, su hermano Ramón
se entrena duro para poder volver a jugar.
Al final de la temporada de 1999
Ramón regresa a las Grandes Ligas
y se incorpora a los Medias Rojas, junto a Pedro.

Durante los juegos se sientan juntos en el dogout.
Se asesoran y se ayudan mutuamente.
Con su hermano mayor a su lado
Pedro juega mejor que nunca.

El 9 de octubre de 1999 los Medias Rojas
están a punto de ser eliminados del playoff,
pero Ramón los lleva a una victoria contra
los Indios de Cleveland que les permite
mantener viva la esperanza de ganar la serie.

Dos días más tarde, durante el juego final
de la serie, a Pedro le duele mucho el hombro
derecho y no lo seleccionan para lanzar.
Pero con la puntuación empatada 8 a 8
en la cuarta entrada, Pedro entra al juego.
Aunque no puede levantar el brazo
lo suficientemente alto como para lanzar
una recta, no deja, en seis entradas, que ningún
bateador conecte un hit, dándole la victoria
a los Medias Rojas y asegurando su participación
en el Campeonato de la Liga Americana.

En la República Dominicana
la gente baila por las calles.
Los muchachos atan piezas de metal
a sus bicicletas, que lanzan chispas
iluminando la noche
como fuegos artificiales.

Después de la temporada
Pedro lo celebra con su familia.
La antigua y humilde casa ya no existe.
Pedro y Ramón compraron todo el terreno
alrededor y construyeron un lugar especial
donde toda la familia se reúne,
y que todos conocen como La Finca.

Después de cenar, Pedro y Ramón salen al patio
a lanzar piedras al árbol de mango.
Juntos se turnan para tumbar los mangos.

Pedro solo lanza a los que están maduros,
tal y como su hermano Ramón le enseñó
cuando era pequeño.

Nota del Autor

Pedro y Ramón jugaron juntos en Boston durante una temporada más. En 2001 Ramón se retiró del béisbol. Pedro siguió jugando para los Medias Rojas. Todos los días, sus seguidores le contaban las ganas que tenían de que los Medias Rojas ganaran algún día la Serie Mundial. Estaban convencidos de que, con Pedro en el equipo, tarde o temprano lo lograrían. Sin embargo, pasaban los años, y aun con el mejor lanzador de béisbol en su equipo, los Medias Rojas no lo conseguían.

En 2004, después de ochenta y seis años de intentarlo y no lograrlo, los Medias Rojas finalmente ganaron. La ciudad de Boston organizó un gran desfile, y tres millones de personas se lanzaron a la calle para vitorear a Pedro y a los Medias Rojas.

He sido seguidor de los Medias Roja toda mi vida, y ver lanzar a Pedro Martínez es uno de los mejores recuerdos que tengo. En una ocasión hice cola toda una noche para poder comprar entradas y ver lanzar a Pedro en el juego tercero del Campeonato de la Liga Americana en 1993. Al amanecer, tenía dos entradas en mis manos. Llamé a mi padre y juntos vimos el partido esa misma tarde. Pedro no nos decepcionó: ponchó a doce bateadores y solamente permitió dos imparables en siete entradas, llevando a los Medias Rojas a una victoria de 13 a 1 contra los Yankees.

La siguiente primavera me senté en las gradas de arriba del antiguo estadio de los Yankees y vi cómo Pedro, en un desafío contra Roger Clemens, ganó 2–0. Ha sido el único juego donde yo he permanecido sentado sin moverme porque no quería perderme ni un segundo del juego.

Pedro era un hombre pequeño que jugó en una época en la que los bateadores eran mucho más grandes y fuertes que él. Pero cuando Pedro se paraba en el montículo, era un lanzador audaz, amedrentando con su mirada a poderosos bateadores y haciéndolos sentir como principiantes. En aquel entonces, yo no sabía mucho sobre Pedro, excepto lo que observaba en el terreno de juego o lo que escuchaba de sus simpáticas entrevistas al final de los partidos. Pero cuando comencé a investigar su vida, me di cuenta de que la historia de Pedro abarcaba mucho más.

Me enteré de todo lo que Pedro había hecho en beneficio del pueblo de Manoguayabo. Cuando llegó a las Grandes Ligas y se hizo millonario, pudo olvidar su pasado, pero decidió permanecer en su pueblo. Donó tiempo y dinero para mejorar la vida de su gente, especialmente la de los niños. Convenció al gobierno para que pavimentara el camino principal del pueblo. Construyó casas, iglesias, campos de béisbol y una nueva escuela primaria, y comenzó nuevos programas académicos.

Pedro Martínez superó muchos obstáculos en su camino hasta alcanzar la cima: desde la pobreza de su infancia hasta los comentarios de muchas personas que le aseguraban que, por su tamaño, nunca podría alcanzar el sueño de jugar en las Grandes Ligas. Pero con perseverancia y esfuerzo fue abriéndose camino hasta convertirse en uno de los más grandes lanzadores en la historia del béisbol.

Pero Pedro no lo logró solo. Frente a la adversidad tenía siempre a su lado a Ramón, su hermano mayor, que lo alentaba y lo guiaba, ya fuera enseñándolo a lanzar una curva o animándolo a aprender inglés, pero, sobre todo, inspirándolo con su ejemplo para luchar y hacer realidad su sueño.

K—el símbolo de béisbol para ponches

PEDRO MARTÍNEZ

Altura: 5 pies 11 pulgadas; Peso: 170 lb.; Nacido en: Manoguayabo, República Dominicana, octubre 25, 1971

AÑO	EQUIPO	G	P	PCL	J	EL	CP	JP	BB	P	BBHPE	PPBB
1992	LAD	0	1	2.25	2	8.0	2	0	1	8	0.875	8.00
1993	LAD	10	5	2.61	65	107.0	31	5	57	119	1.243	2.09
1994	MON	11	5	3.42	24	144.2	55	11	45	142	1.106	3.16
1995	MON	14	10	3.51	30	194.2	76	21	66	174	1.151	2.64
1996	MON	13	10	3.70	33	216.2	89	19	70	222	1.195	3.17
1997	MON	17	8	**1.90**	31	241.1	51	16	67	305	**0.932**	4.55
1998	BOS	19	7	2.89	33	233.2	75	26	67	251	1.091	3.75
1999	BOS	**23**	4	**2.07**	31	213.1	49	9	37	**313**	0.923	**8.46**
2000	BOS	18	6	**1.74**	29	217.0	42	17	32	**284**	**0.737**	**8.88**
2001	BOS	7	3	2.39	18	116.2	31	5	25	163	0.934	6.52
2002	BOS	20	4	**2.26**	30	199.1	50	13	40	239	**0.923**	5.98
2003	BOS	14	4	**2.22**	29	186.2	46	7	47	206	1.039	4.38
2004	BOS	16	9	3.90	33	217.0	94	26	61	227	1.171	3.72
2005	NYM	15	8	2.82	31	217.0	68	19	47	208	**0.949**	4.43
2006	NYM	9	8	4.48	23	132.2	66	19	39	137	1.108	3.51
2007	NYM	3	1	2.57	5	28.0	8	0	7	32	1.429	4.57
2008	NYM	5	6	5.61	20	109.0	68	19	44	87	1.569	1.98
2009	PHI	5	1	3.63	9	44.2	18	7	8	37	1.254	4.63
18 AÑOS		219	100	2.93	476	2827.1	919	239	760	3154	1.054	4.15

EQUIPOS

LAD: Los Angeles Dodgers
MON: Montreal Expos
BOS: Los Medias Rojas de Boston
NYM: New York Mets
PHI: Philadelphia Phillies

Los números en negrita significan las estadísticas en las que fue líder en su liga.

CLAVE

G: Juegos Ganados
P: Juegos Perdidos
PCL: Promedio de Carreras Limpias
J: Juegos
EL: Entradas Lanzadas
CP: Carreras Permitidas
JP: Jonrones Permitidos
BB: Bases por Bolas
P: Ponches
BBHE: Bases por Bolas más Hits por Entradas Lanzadas
PPBB: Proporción de Ponches y Bases por Bolas

BIBLIOGRAFÍA (LIBROS PUBLICADOS EN INGLÉS)

"Brothers Glad Matchup Over: Ramón Martínez Beats Younger Brother Pedro in Rare Meeting." *Los Angeles Daily News,* August 30, 1996, p. D1.

Callahan, Gerry. "Rocket Redux." *Sports Illustrated,* April 20, 1998.

Coffey, Wayne. "Pedro the Great Really Hits Home: Friends, Family in Dominican Celebrate Victory." *New York Daily News,* October 17, 1999.

Edes, Gordon. "Brothers in Arms: The Close Relationship Between Pedro and Ramón Martínez Is Crucial to the Well-Being of Both Pitchers — and to the Fortunes of the Red Sox." *Boston Globe,* April 2, 2000, p. 12.

——. "Family Remains His Foundation." *Boston Globe,* February 6, 1998, p. D6.

——. "Pedro Martínez Climbed a Long Road to Reap Riches." *Boston Globe,* February 22, 1998.

——. "Safe at Home: Martínez Is Still an Island Wonder in Dominican Republic." *Boston Globe,* February 6, 2000, p. D1.

Gallagher, Jim. *Latinos in Baseball: Pedro Martínez.* Childs, MD: Mitchell Lane, 1999.

——. *Latinos in Baseball: Ramón Martínez.* Childs, MD: Mitchell Lane, 2000.

Gammons, Peter. "Pedro Martínez Could Throw Boston Its Best Party in a Long, Long Time." ESPN.com, January 1998.

Klein, Alan M. *Sugarball: The American Game, the Dominican Dream.* New Haven, CT: Yale University Press, 1991.

Macur, Juliet. "The Fields of Pedro's Dreams." *New York Times,* December 23, 2004.

Nightengale, Bob. "Tonight Is the Matchup Ramón and Pedro Martínez Dreaded Would Happen: Oh, Brother." *Los Angeles Times,* August 29, 1996.

Olney, Buster. "A Maestro of the Mound, Working on a Symphony." *New York Times,* July 12, 1999.

Shaughnessy, Dan. "Pedro's Effort vs. Former Team Speaks Volumes." *Boston Globe,* June 14, 2004.

Verducci, Tom. "The Power of Pedro." *Sports Illustrated,* March 27, 2000.

AGRADECIMIENTOS

Quisiera darle las gracias a mis amigos de la República Dominicana que me ayudaron en la creación de este libro: Dani Manuel Rodríguez Santana, quien posó como el joven Pedro; Ricky de la Cruz, quien lo hizo como Ramón y me ayudó durante las sesiones de fotografía con Dani; Rubi Américo Guzmán, quien me mostró un árbol de mango real y se ofreció a enseñarme el campo de la República Dominicana en su motocicleta; a Luis Brito, amigo de Rubi, que llevó a toda mi familia en su auto a recorrer el campo dominicano (en realidad tenía miedo de subir en la motocicleta de Rubi); a la familia del pueblo El Cupey, que tan generosamente abrió las puertas de su casa a mi familia, y a todas las personas en República Dominicana, que me contaron muchas historias de Pedro. Un agradecimiento especial a Kirk Carapezza, Ryan McCarthy, Kevin McCarthy, los hombres «K», y también a César Sánchez, Chat Finn, Scott LaPierre, la familia Olin, Ava, Molly y Sarah Tavares, Rosemary Stimola, Kristin Nobles y Katie Cunningham.

El epígrafe de la página 1 está extraído de un artículo publicado en enero de 1998 titulado «Pedro Martínez Could Throw Boston Its Best Party in a Long, Long Time», escrito por Peter Gammons y reproducido con permiso de ESPN.com.